Grit Adler

Erinnerungen an meinen Weg

Das Tagebuch für wandernde Menschen

Herstellung und Verlag:
BoD – Books on Demand, Norderstedt
ISBN: 978-3-7504-0807-4

Dieses Wandertagebuch gehört:

_____

Wenn Sie dieses Buch finden, bitte kontaktieren Sie:

_____

_____

_____

Liebe Wanderin, lieber Wanderer!

Schön, dass Sie sich für dieses Wandertagebuch als Begleiter für Ihren Weg entschieden haben.

Es soll Ihnen dazu dienen, Ihre Erinnerungen an den Weg sowie Ihre gemachten Erfahrungen auf dem Weg langfristig zu bewahren.

Das weitere Buch ist in zwei Teile aufgebaut:

Im ersten Teil finden Sie eine Tabelle, in der Sie wichtige Daten (z. B. wann und wo Sie jeweils gestartet sind) über jede Etappe eintragen können.

Am Anfang des zweiten Teils finden Sie eine Liste mit Fragen. Diese laden Sie ein, sich von Ihnen (auch im übertragenen Sinne) anregen zu lassen, damit Sie sich mit Ihren auf dem Weg gemachten Erfahrungen und Erkenntnissen auf eine spezielle Art beschäftigen können. Es steht Ihnen aber frei, inwieweit Sie sich davon anregen lassen oder Ihre Gedanken so aufschreiben, wie Sie es gerne hätten.

Letztlich bleibt nur noch eines zu sagen:

Ihnen einen guten Weg sowie eine gute Zeit!

Datum: siehe auch Seite _____	Etappenstart in: um: _____ Uhr
	Etappenende in: um: _____ Uhr
	Gegangene Kilometer: _____ km
	Wetter:
	Einkehr / Unterkunft:
	Verlauf:
	Erinnerungswertes:

Datum: siehe auch Seite _____	Etappenstart in: um: _____ Uhr
	Etappenende in: um: _____ Uhr
	Gegangene Kilometer: _____ km
	Wetter:
	Einkehr / Unterkunft:
	Verlauf:
	Erinnerungswertes:

Datum: siehe auch Seite _____	Etappenstart in: um: _____ Uhr
	Etappenende in: um: _____ Uhr
	Gegangene Kilometer: _____ km
	Wetter:
	Einkehr / Unterkunft:
	Verlauf:
	Erinnerungswertes:

Datum: siehe auch Seite _____	Etappenstart in: um: _____ Uhr
	Etappenende in: um: _____ Uhr
	Gegangene Kilometer: _____ km
	Wetter:
	Einkehr / Unterkunft:
	Verlauf:
	Erinnerungswertes:

Datum: siehe auch Seite _____	Etappenstart in: um: _____ Uhr
	Etappenende in: um: _____ Uhr
	Gegangene Kilometer: _____ km
	Wetter:
	Einkehr / Unterkunft:
	Verlauf:
	Erinnerungswertes:

Datum: siehe auch Seite _____	Etappenstart in: um: _____ Uhr
	Etappenende in: um: _____ Uhr
	Gegangene Kilometer: _____ km
	Wetter:
	Einkehr / Unterkunft:
	Verlauf:
	Erinnerungswertes:

Datum: siehe auch Seite _____	Etappenstart in: um: _____ Uhr
	Etappenende in: um: _____ Uhr
	Gegangene Kilometer: _____ km
	Wetter:
	Einkehr / Unterkunft:
	Verlauf:
	Erinnerungswertes:

Datum: siehe auch Seite _____	Etappenstart in: um: _____ Uhr
	Etappenende in: um: _____ Uhr
	Gegangene Kilometer: _____ km
	Wetter:
	Einkehr / Unterkunft:
	Verlauf:
	Erinnerungswertes:

Datum: siehe auch Seite _____	Etappenstart in: um: _____ Uhr
	Etappenende in: um: _____ Uhr
	Gegangene Kilometer: _____ km
	Wetter:
	Einkehr / Unterkunft:
	Verlauf:
	Erinnerungswertes:

Datum: siehe auch Seite _____	Etappenstart in: um: _____ Uhr
	Etappenende in: um: _____ Uhr
	Gegangene Kilometer: _____ km
	Wetter:
	Einkehr / Unterkunft:
	Verlauf:
	Erinnerungswertes:

Datum: siehe auch Seite _____	Etappenstart in: um: _____ Uhr
	Etappenende in: um: _____ Uhr
	Gegangene Kilometer: _____ km
	Wetter:
	Einkehr / Unterkunft:
	Verlauf:
	Erinnerungswertes:

Datum: siehe auch Seite _____	Etappenstart in: um: _____ Uhr
	Etappenende in: um: _____ Uhr
	Gegangene Kilometer: _____ km
	Wetter:
	Einkehr / Unterkunft:
	Verlauf:
	Erinnerungswertes:

Datum: siehe auch Seite _____	Etappenstart in: um: _____ Uhr
	Etappenende in: um: _____ Uhr
	Gegangene Kilometer: _____ km
	Wetter:
	Einkehr / Unterkunft:
	Verlauf:
	Erinnerungswertes:

Datum: siehe auch Seite _____	Etappenstart in: um: _____ Uhr
	Etappenende in: um: _____ Uhr
	Gegangene Kilometer: _____ km
	Wetter:
	Einkehr / Unterkunft:
	Verlauf:
	Erinnerungswertes:

Datum: siehe auch Seite _____	Etappenstart in: um: _____ Uhr
	Etappenende in: um: _____ Uhr
	Gegangene Kilometer: _____ km
	Wetter:
	Einkehr / Unterkunft:
	Verlauf:
	Erinnerungswertes:

Datum: siehe auch Seite _____	Etappenstart in: um: _____ Uhr
	Etappenende in: um: _____ Uhr
	Gegangene Kilometer: _____ km
	Wetter:
	Einkehr / Unterkunft:
	Verlauf:
	Erinnerungswertes:

Datum:	Etappenstart in: um: _____ Uhr
siehe auch Seite _____	Etappenende in: um: _____ Uhr
	Gegangene Kilometer: _____ km
	Wetter:
	Einkehr / Unterkunft:
	Verlauf:
	Erinnerungswertes:

Datum:	Etappenstart in: um: _____ Uhr
siehe auch Seite _____	Etappenende in: um: _____ Uhr
	Gegangene Kilometer: _____ km
	Wetter:
	Einkehr / Unterkunft:
	Verlauf:
	Erinnerungswertes:

Datum: siehe auch Seite _____	Etappenstart in: um: _____ Uhr
	Etappenende in: um: _____ Uhr
	Gegangene Kilometer: _____ km
	Wetter:
	Einkehr / Unterkunft:
	Verlauf:
	Erinnerungswertes:

Datum: siehe auch Seite _____	Etappenstart in: um: _____ Uhr
	Etappenende in: um: _____ Uhr
	Gegangene Kilometer: _____ km
	Wetter:
	Einkehr / Unterkunft:
	Verlauf:
	Erinnerungswertes:

Datum: siehe auch Seite _____	Etappenstart in: um: _____ Uhr
	Etappenende in: um: _____ Uhr
	Gegangene Kilometer: _____ km
	Wetter:
	Einkehr / Unterkunft:
	Verlauf:
	Erinnerungswertes:

Datum: siehe auch Seite _____	Etappenstart in: um: _____ Uhr
	Etappenende in: um: _____ Uhr
	Gegangene Kilometer: _____ km
	Wetter:
	Einkehr / Unterkunft:
	Verlauf:
	Erinnerungswertes:

Datum: siehe auch Seite _____	Etappenstart in: um: _____ Uhr
	Etappenende in: um: _____ Uhr
	Gegangene Kilometer: _____ km
	Wetter:
	Einkehr / Unterkunft:
	Verlauf:
	Erinnerungswertes:

Datum: siehe auch Seite _____	Etappenstart in: um: _____ Uhr
	Etappenende in: um: _____ Uhr
	Gegangene Kilometer: _____ km
	Wetter:
	Einkehr / Unterkunft:
	Verlauf:
	Erinnerungswertes:

Datum: siehe auch Seite _____	Etappenstart in: um: _____ Uhr
	Etappenende in: um: _____ Uhr
	Gegangene Kilometer: _____ km
	Wetter:
	Einkehr / Unterkunft:
	Verlauf:
	Erinnerungswertes:

Datum: siehe auch Seite _____	Etappenstart in: um: _____ Uhr
	Etappenende in: um: _____ Uhr
	Gegangene Kilometer: _____ km
	Wetter:
	Einkehr / Unterkunft:
	Verlauf:
	Erinnerungswertes:

Datum: siehe auch Seite _____	Etappenstart in: um: _____ Uhr
	Etappenende in: um: _____ Uhr
	Gegangene Kilometer: _____ km
	Wetter:
	Einkehr / Unterkunft:
	Verlauf:
	Erinnerungswertes:

Datum: siehe auch Seite _____	Etappenstart in: um: _____ Uhr
	Etappenende in: um: _____ Uhr
	Gegangene Kilometer: _____ km
	Wetter:
	Einkehr / Unterkunft:
	Verlauf:
	Erinnerungswertes:

Datum: siehe auch Seite _____	Etappenstart in: um: _____ Uhr
	Etappenende in: um: _____ Uhr
	Gegangene Kilometer: _____ km
	Wetter:
	Einkehr / Unterkunft:
	Verlauf:
	Erinnerungswertes:

Datum: siehe auch Seite _____	Etappenstart in: um: _____ Uhr
	Etappenende in: um: _____ Uhr
	Gegangene Kilometer: _____ km
	Wetter:
	Einkehr / Unterkunft:
	Verlauf:
	Erinnerungswertes:

Datum:	Etappenstart in: um: _____ Uhr
siehe auch Seite _____	Etappenende in: um: _____ Uhr
	Gegangene Kilometer: _____ km
	Wetter:
	Einkehr / Unterkunft:
	Verlauf:
	Erinnerungswertes:

Datum:	Etappenstart in: um: _____ Uhr
siehe auch Seite _____	Etappenende in: um: _____ Uhr
	Gegangene Kilometer: _____ km
	Wetter:
	Einkehr / Unterkunft:
	Verlauf:
	Erinnerungswertes:

Datum: siehe auch Seite _____	Etappenstart in: um: _____ Uhr
	Etappenende in: um: _____ Uhr
	Gegangene Kilometer: _____ km
	Wetter:
	Einkehr / Unterkunft:
	Verlauf:
	Erinnerungswertes:

Datum: siehe auch Seite _____	Etappenstart in: um: _____ Uhr
	Etappenende in: um: _____ Uhr
	Gegangene Kilometer: _____ km
	Wetter:
	Einkehr / Unterkunft:
	Verlauf:
	Erinnerungswertes:

Datum:	Etappenstart in: um: _____ Uhr
siehe auch Seite _____	Etappenende in: um: _____ Uhr
	Gegangene Kilometer: _____ km
	Wetter:
	Einkehr / Unterkunft:
	Verlauf:
	Erinnerungswertes:

Datum:	Etappenstart in: um: _____ Uhr
siehe auch Seite _____	Etappenende in: um: _____ Uhr
	Gegangene Kilometer: _____ km
	Wetter:
	Einkehr / Unterkunft:
	Verlauf:
	Erinnerungswertes:

Datum: siehe auch Seite _____	Etappenstart in: um: _____ Uhr
	Etappenende in: um: _____ Uhr
	Gegangene Kilometer: _____ km
	Wetter:
	Einkehr / Unterkunft:
	Verlauf:
	Erinnerungswertes:

Datum: siehe auch Seite _____	Etappenstart in: um: _____ Uhr
	Etappenende in: um: _____ Uhr
	Gegangene Kilometer: _____ km
	Wetter:
	Einkehr / Unterkunft:
	Verlauf:
	Erinnerungswertes:

Datum: siehe auch Seite _____	Etappenstart in: um: _____ Uhr
	Etappenende in: um: _____ Uhr
	Gegangene Kilometer: _____ km
	Wetter:
	Einkehr / Unterkunft:
	Verlauf:
	Erinnerungswertes:

Datum: siehe auch Seite _____	Etappenstart in: um: _____ Uhr
	Etappenende in: um: _____ Uhr
	Gegangene Kilometer: _____ km
	Wetter:
	Einkehr / Unterkunft:
	Verlauf:
	Erinnerungswertes:

Datum: siehe auch Seite _____	Etappenstart in: um: _____ Uhr
	Etappenende in: um: _____ Uhr
	Gegangene Kilometer: _____ km
	Wetter:
	Einkehr / Unterkunft:
	Verlauf:
	Erinnerungswertes:

Datum: siehe auch Seite _____	Etappenstart in: um: _____ Uhr
	Etappenende in: um: _____ Uhr
	Gegangene Kilometer: _____ km
	Wetter:
	Einkehr / Unterkunft:
	Verlauf:
	Erinnerungswertes:

Datum: siehe auch Seite _____	Etappenstart in: um: _____ Uhr
	Etappenende in: um: _____ Uhr
	Gegangene Kilometer: _____ km
	Wetter:
	Einkehr / Unterkunft:
	Verlauf:
	Erinnerungswertes:

Datum: siehe auch Seite _____	Etappenstart in: um: _____ Uhr
	Etappenende in: um: _____ Uhr
	Gegangene Kilometer: _____ km
	Wetter:
	Einkehr / Unterkunft:
	Verlauf:
	Erinnerungswertes:

Datum: siehe auch Seite _____	Etappenstart in: um: _____ Uhr
	Etappenende in: um: _____ Uhr
	Gegangene Kilometer: _____ km
	Wetter:
	Einkehr / Unterkunft:
	Verlauf:
	Erinnerungswertes:

Datum: siehe auch Seite _____	Etappenstart in: um: _____ Uhr
	Etappenende in: um: _____ Uhr
	Gegangene Kilometer: _____ km
	Wetter:
	Einkehr / Unterkunft:
	Verlauf:
	Erinnerungswertes:

Datum: siehe auch Seite _____	Etappenstart in: um: _____ Uhr
	Etappenende in: um: _____ Uhr
	Gegangene Kilometer: _____ km
	Wetter:
	Einkehr / Unterkunft:
	Verlauf:
	Erinnerungswertes:

Datum: siehe auch Seite _____	Etappenstart in: um: _____ Uhr
	Etappenende in: um: _____ Uhr
	Gegangene Kilometer: _____ km
	Wetter:
	Einkehr / Unterkunft:
	Verlauf:
	Erinnerungswertes:

Datum:	Etappenstart in: um: _____ Uhr
siehe auch Seite _____	Etappenende in: um: _____ Uhr
	Gegangene Kilometer: _____ km
	Wetter:
	Einkehr / Unterkunft:
	Verlauf:
	Erinnerungswertes:

Datum:	Etappenstart in: um: _____ Uhr
siehe auch Seite _____	Etappenende in: um: _____ Uhr
	Gegangene Kilometer: _____ km
	Wetter:
	Einkehr / Unterkunft:
	Verlauf:
	Erinnerungswertes:

Fragen:

Wo beginnt mein Weg?

Wo endet mein Weg?

Wieso gehe ich diesen Weg?

Was habe ich an Gepäck dabei?

Wer begleitet mich auf meinem Weg?

Was war mein schönstes Erlebnis auf dem Weg?

Was war mein schwierigstes Erlebnis auf dem Weg?

Wie empfinde ich meinen Weg?

Welche Erfahrungen habe ich auf dem Weg gemacht?

Welche Erkenntnis nehme ich in meinen normalen Alltag mit?

Welchen Rat oder welche Lebensweisheit möchte ich weitergeben?